Kurt Tepperwein

# Lebe in Balance

# Lebe in Balance

Kurt Tepperwein

Silberschnur Verlag

MIX
Papier aus verantwortungsvollen Quellen
FSC
www.fsc.org
FSC® C014138



ISBN: 978-3-96933-031-9

1. Auflage 2022

Umschlaggestaltung & Satz: XPresentation, Güllesheim; unter Verwendung verschiedener Motive von © Black Salmon, shutterstock.com;
© Li Ding und © alphaspirit, stock.adobe.com
Druck: Finidr, s.r.o. Cesky Tesin

Verlag »Die Silberschnur« GmbH · Steinstr. 1 · 56593 Güllesheim
www.silberschnur.de · E-Mail: info@silberschnur.de

# Inhaltsverzeichnis

# Zu Beginn

Wer wünscht es sich nicht, ein Leben in Zufriedenheit und Harmonie? Doch ist dies auch machbar? Gibt es ein Schicksal und wenn ja, wie können wir es beeinflussen? Wenn diese Frage tatsächlich mit einem Satz beantwortet werden könnte, so gäbe es wohl nur glückliche Menschen. Sie würden den ganzen Tag singen, lachen und tanzen. Ist es das, was wir wollen und ist das überhaupt erstrebenswert?

*Wir würden nie die tröstende Hand eines anderen auf unseren Schultern spüren, wenn wir niemals traurig wären.*

*Wir würden nie in den Genuss von aufmunternden Worten kommen, wenn wir niemals unglücklich wären.*

*Wir würden nie jemanden an unserer Seite haben, der uns gesund pflegt, wenn wir niemals krank wären.*

Es gäbe da noch unzählige weitere Beispiele aufzuzählen und ich bin mir sicher, dass Ihnen auch noch einige einfallen würden. Also frage ich Sie: Was wäre ein Mensch ohne dunkle Momente? Was wäre er ohne Aufgaben und Erfahrungen? Es gäbe für ihn nichts Neues zu entdecken, nichts dazuzulernen und auch nichts zu erkennen. Daher – sind es nicht auch die tristen Augenblicke im Leben, die kostbar sind? Selbst wenn wir glückliche Momente sehr schätzen, wir lernen weit mehr aus unangenehmen Erfahrungen. Ja, wir sind da, um Fehler zu machen. Wir sind dazu da, um aus ihnen zu lernen und sie nicht zu wiederholen. Wenn uns dies gelingt, wird jede Erfahrung, mag sie auch noch so schmerzvoll sein, zu einem wunderbaren und wertvollen Geschenk.

**Um der Lebensbalance etwas auf die Sprünge zu helfen, steht uns ein hilfreiches Wissen zur Seite.** Die Weisheit der Lebensgesetze ist so tiefgründig und umfassend, dass man ihre Botschaft nicht gleich erkennen kann. Sie immer wieder zu lesen und anzuwenden, ist der Schlüssel, der uns das Tor zum Höchsten Selbst öffnet. *Die Gesetzmäßigkeiten von Hermes Trismegistos* lesen wir in der TABULA SMARAGDINA, die die meisten von uns bereits kennen. Sie sind das Fundament des Lebens und zeugen von geistiger Ausgeglichenheit.

Die nachfolgend beschriebenen Gesetze sind eine bereichernde Ergänzung, um die Grundlagen des Lebens etwas genauer zu beleuchten und ihre Essenz zu nutzen. So können sie sehr gut als Einstieg genutzt werden, um über das Denken hinauszugehen und sich der Kraft im Herzen anzunähern. Je mehr wir diese Herzenskraft in uns entdecken, umso weiter wird unsere Sicht. Eine geweitete Sicht wiederum gewährleistet ein neutrales Umgehen mit – nach und nach - allen Situationen, die das Leben mit sich bringt.

So sind die Gesetzmäßigkeiten in diesem Buch wortwörtlich als eine Er-weiterung anzusehen. Wer die Gesetze liest, hat sie gelesen. Wer die Gesetze in sich aufnimmt, wird davon profitieren. Wer die Gesetze zudem in sein Leben mit einfließen lässt, setzt eine Veränderung in Gang, die sich nicht mehr aufhalten lässt. Kehren wir uns um und lassen wir davon ab, gegen den Lebensstrom zu schwimmen, anstatt uns von ihm treiben zu lassen. Wo auch immer uns das Leben stranden lässt, wir werden keinen Schiffbruch erleiden, sondern völlig neu durchstarten und alle Belastungen hinter uns lassen. Alles beginnt mit dem ersten Schritt. Danach ergibt sich eine Dynamik, die man nicht lenken oder manipulieren muss. Das Leben weiß, was es mit uns vorhat. Wissen Sie es auch?

Allein das Herz denkt richtig!
Hör ihm zu!

# Das Gesetz der Kommunikation

Leben ist Kommunikation. Dies betrifft aber nicht nur Unterhaltungen und den mündlichen Austausch, es ist wesentlich vielfältiger. Wir kommunizieren mit unseren Augen, unserem Körper und auf unsichtbarer Ebene tauschen wir uns aus. Ständig findet eine Verständigung sowie ein Verständnis statt. Kommunikation ist alles.

“Man kann nicht nicht kommunizieren.” Diese Aussage von Paul Watzlawick betrifft nicht nur Menschen, sondern die Verbindung zu allem. Erinnern wir uns daran, dass alles in der Welt Wahrnehmbare miteinander im Kontakt steht. Das ist Kommunikation. Gemeint ist tatsächlich alles, denn alles lebt und ist von Bewusstsein durchdrungen.

In Momenten, in denen wir jenseits alltäglicher Hektik still werden und in uns hineinlauschen, haben wir die Möglichkeit, uns einem unermesslich reichen Kommunikationsnetz anzuschließen. Über intuitive Impulse, die jeder Zeit gegeben sind, haben wir die Möglichkeit, uns mit allem, was uns umgibt, auszutauschen. So wissen wir intuitiv, wo in unserem Leben etwas in Ordnung ist und wo nicht. Intuition macht uns wach für den Kontakt mit anderen Menschen und für Worte und Taten in bestimmten Situationen. Sie schenkt uns Achtung für den Umgang mit allen Lebewesen und damit auch mit uns selbst. Über sie erkennen wir, was uns guttut, welches Maß es einzuhalten gilt und was es zu tun oder zu lassen gilt. Auf intuitive Impulse zu hören und ihnen zu vertrauen ermöglicht uns, einer weit über unsere individuellen Grenzen hinausreichenden höheren Ordnung zu dienen.

Kommunikation geschieht also nicht nur zwischen zwei Individuen oder einer begrenzten Anzahl von Personen. Sie ist auch nichts, das wir aktiv in Gang setzen müssten. Vielmehr geschieht es *mit und durch uns*, immer, und in jedem Moment. Ob wir uns dessen bewusst sind oder nicht - wir senden über unsere Gedanken, über unsere Gefühle und tatkräftigen Impulse ständige Signale in Raum und Zeit. So gesehen haben wir keinesfalls so etwas wie eine Privatsphäre, die von anderen Wesen abgetrennt ist und in der wir uns auf uns selbst zurückziehen könnten. Wir glauben vielleicht, dass wir alleine sind, wenn wir uns ins stille Kämmerlein zurückziehen, doch das ist niemals der Fall. Die eine Kraft sieht uns immer zu, es gibt nichts, was wir versteckt tun oder verbergen können. Alles liegt offen, auch wenn uns scheinbar keiner gesehen hat. Unser Körper mag sich hinter Wänden verstecken, doch die von uns ausgesandte Energie und die damit verbundene Schwingung macht auch vor Beton nicht Halt. So erleben wir immer wieder, dass vor allem Menschen innerhalb einer Familie, auch wenn sie räumlich noch so weit voneinander getrennt sein mögen, vieles intuitiv voneinander wissen. Sie rufen einander im richtigen Moment an, schreiben sich oder denken aneinander, sind wie telepathisch miteinander verbunden. Wenn dies insbesondere zwischen Familienmitgliedern zuzutreffen scheint, mag dies daran liegen, dass man dort im Gespräch schneller darauf aufmerksam wird, wie es sich zugetragen hat. Man spricht darüber. Weil wir aber über vieles nicht sprechen, bleibt auch vieles unerkannt. In Wahrheit sind wir alle gleichermaßen miteinander in Verbindung und nehmen energetisch Einfluss aufeinander.

Dies könnte sich im ersten Moment etwas befremdlich anfühlen. Wenn wir Kommunikation aber als Möglichkeit anerkennen, uns als Einheit verstehen zu lernen, werden wir uns dafür öffnen, einander teilhaben zu lassen. Wenn wir damit aufhören, uns als voneinander getrennt zu erfahren und uns dementsprechend verhalten, so eröffnet dies eine Chance für uns alle, denn - tief in uns drinnen sind wir "alle". Im tiefen Einverständnis dafür, dass innerhalb von Einheit alles was wir denken, sagen und tun die Gesamtheit von Leben berührt, wird die Liebe in uns erblühen. Vorbei sind die Zeiten, in denen der Wett-Kampf, das Ich-Denken und jegliche Egozentrik im Vordergrund stehen. Gelassenheit, Verständnis und Gleichheit drängen nach außen, um sich über die Menschheit als Einheit zu ergießen. In stiller Kommunikation können wir verstehen und erkennen, dass wir niemals voneinander getrennt gewesen sind. Der Ich-Traum zerplatzt, wenn die eigentliche Identität des Selbst aufgedeckt wird.

## ZUSAMMENGEFASST:
## DAS GESETZ DER KOMMUNIKATION

Kommunikation ist die Grundlage unseres Seins. Ohne Kommunikation können wir nicht leben. Hier geht es aber nicht um die verbale Kommunikation, sondern um die, die man nicht sehen kann. Alles kommuniziert ständig miteinander, tauscht sich aus und steht in Resonanz. Dieses Miteinander-Verbunden-Sein ist etwas, was wir in uns als **Liebe** entdecken können. Die Liebe schwingt in allem gleichzeitig und fortwährend. Sie ist die Basis für die Vielfalt, die in der Einheit erscheint.

Die Form der Kommunikation zeigt auf,
wie unser Innenleben ist.
Sie verrät alles über uns.
Hör hin!

# Das Gesetz der Einheit allen Seins

Reines Bewusstsein offenbart Einheit. Bewusstsein ohne die Idee von Trennung, ohne das Festhalten an ein Ich und Du, oder an ein Hier und Dort, lässt Gleich-Gültigkeit im ursprünglichen Sinn zu. In der Einheit gibt es keine Trennung, keine Objekte noch Subjekte, weder Ursache noch Wirkung. Sogar Leben und Tod unterscheiden sich nicht, da sie zeitlos sind. In der Einheit ist alles unberührt vom Kommen und vom Gehen, vom Werden und Vergehen. Obwohl in ihr alles möglich ist, weiß sie nichts von Möglichkeiten. Obwohl sich alles in ihr bewegt, ist sie selbst von tiefer Stille durchdrungen. Kein Mensch kann sie schauen und doch erkennt er sich in ihr. Niemand vermag sie zu beschreiben, sie entzieht sich jeglicher Definition.

Der Glaube an Trennung lässt uns übersehen, dass Einheit nie und nimmer in sich gespalten sein kann, Bewusstsein jedoch schon. Bewusstsein ist die Lebensgrundlage. Es ist die Grundlage jeglicher Existenz. Es ist ein unsichtbares Feld, in dem Dinge kommen und gehen. Alles erscheint in seiner Vergänglichkeit. Leben und Tod, Tag und Nacht, Gutes und Böses erscheinen als voneinander getrennt und vermitteln uns die Idee einer Trennung. Diese Trennungs-Idee ist es, die uns Gespaltenheit überhaupt erst annehmen lässt und die eigentliche Sicht verwehrt. Wir glauben daran, dass die Dinge so sind, wie wir sie vermuten. Dabei übersehen wir, dass es sich hier nur um eine Erscheinung, also um eine Vorstellung in unserem Bewusstsein handelt. **Das Leben ist nicht real, es ist eine**

**Erscheinung in der Realität! Leben ist eine Spiegelung im Bewusstsein.** Leben ist wie eine Idee. Wörtlich aus dem Griechischen übersetzt, bedeutet Idee so viel wie Erscheinung. Etwas zeigt sich, wird sichtbar und nimmt Gestalt an. Es erscheint als in sich geschlossen und damit von allen anderen Formen und Gestalten abgetrennt. So liegt es in der Natur des Individuums, dass es glaubt, es sei von der Einheit allen Seins getrennt, obwohl es doch immer ganz und gar mit ihr verbunden ist. Es lebt in der Einbildung, ein eigenständiges Individuum zu sein.

Die Vorstellung von Individualität, die wir innerhalb von Zeit und Raum als Ich und Du, als Anfang und Ende, Geburt und Tod, Schuld und Sühne etc. erfahren, entsteht durch die Aktivität im Verstand. Je mehr wir den Verstand als Inbegriff unseres Daseins ansehen, ihn auf einen Thron heben und uns mit den Bewegungen im Gehirn identifizieren, desto mehr glauben wir an Trennung und an Ideen. Je mehr wir an ihnen festhalten, ihnen anhaften, umso komplexer spalten wir das Verstandesbewusstsein vom Einheitsbewusstsein ab.

Fortan leben wir im *Zwei*-fel. Wir unterscheiden, teilen auf in Gut und Böse und halten uns an alle erdenklichen Werte. Ja, wir scheinen geradezu auf Werte, Bewertungen und Urteile angewiesen zu sein. Die Kraft der Gleichgültigkeit in der Einheit allen Seins, die jeglichen Bezug zu Werten relativiert, nehmen wir als diffuse Bedrohung wahr, in der wir regelrecht die Orientierung verlieren. Kein Wunder, wenn wir uns die meiste Zeit auf das stützen, was uns Orientierung vorgaukeln möchte. Wege existieren nur im Verstandesbewusstsein und die entsprechenden Wegweiser sind Teil davon. Nur in Gedanken gibt es jemanden, der den falschen oder richtigen Weg einschlagen kann. Nur dort können wir uns verirren. Weil wir das nicht wollen, suchen wir noch stärker nach Halt in unserem Denken und übersehen dabei, dass wir uns in einem ausweglosen Kreislauf unendlicher Illusionen verloren haben.

Eine Idee existiert nur im Kopf. Sie wird vom Denken genährt und kann nicht real sein. Konzepte und Einbildungen als solche zu durchschauen, ist nicht leicht und doch sind sie es, die uns letztlich zur Ein-fachheit, *in die Einfachheit des Seins,* zurückkehren lassen. Ohne sie hätten wir keinen Grund, zu uns zurückzufinden, da sie es sind, die uns Probleme und Schmerzen bereiten. Dadurch machen wir uns auf den Weg, um die Einheit zu erkunden. Und das ist das Einzige, was es zu erfüllen gilt.

## ZUSAMMENGEFASST: DAS GESETZ DER EINHEIT ALLEN SEINS

Alles ist Eins. Es gibt keine Trennung. Die Trennung fungiert als Sprungbrett in die Einheit. Durchschauen wir die Vielfalt und entdecken die Einheit darin. Wer sich selbst als

Einheit erfährt, erhebt sich über das Sorgenfeld hinaus - in die Unendlichkeit hinein. Dieses Gesetz basiert auf der einen **Wirklichkeit**, die wir immer schon waren und immer sein werden.

# Das Gesetz des Anfangs

»Am Anfang war das Wort", so heißt es in der Heiligen Schrift. Doch hat jemals etwas begonnen? Wann entstand die Welt? Was waren wir, bevor wir geboren wurden und was endet nach dem Ereignis, das wir als unseren Tod bezeichnen? Diese Fragen machen den Kopf leer, bringen Konzepte zum Explodieren und lösen etwas in uns aus. Im Grunde sind es nur harmlose Fragen, aber - sind sie das wirklich? Entweder finden wir diese Form der Auseinandersetzung mit Zeit und Raum genial oder aber unangebracht. Indem wir in

Entweder-oder denken, beziehen wir Stellung und halten uns an die künstlich erschaffenen "Gesetzmäßigkeiten der Dualität". Die aber haben mit den geistigen Gesetzen nichts zu tun.

Wir nehmen ständig eine Stellung ein. Daran sehen wir, dass wir in der Dualität verhaftet sind und polar, also in Entweder-oder denken, aber kaum in einem Sowohl-als-auch. Wer in Entweder-oder denkt, verengt seine Sichtweise, konzentriert sich auf die eine Seite der Medaille, schließt die andere aus und denkt selten neue Gedanken. Wer in Entweder-oder denkt, denkt auch in Gut und Böse, an Hochs und Tiefs und an einen Anfang und ein Ende. Ein "Sowohl-als-auch" ist eine neutrale Sicht, die uns gestattet, die Dinge so zu belassen, wie sie sind. Wenn ein Mensch etwas ablehnt und es anders haben will, steuert er ein Tief an und hofft darauf, dass diese Phase bald zu Ende geht. Die Hoffnung auf bessere Zeiten nährt die Vorstellung von einem zeitlichen Verlauf, die Vorstellung von einem Anfang und einem Ende. Doch wann fängt all das an, was in unserer Wahrnehmung auftaucht? Wo ist der Anfang eines Baumes, das Ende einer Wolke - der Beginn eines Tons, das Ende einer Nacht? Wo beginnt all das?

**"Jedem Anfang wohnt ein Zauber inne, der uns beschützt und der uns hilft zu leben."** Das Gedicht "Stufen" von *Hermann Hesse* beschreibt auf wundervolle Art und Weise die Magie des Momentes, in dem alles in absoluter Offenheit möglich ist. Der Anfang aller Dinge ist frei, vollkommen und voller Zauber. In ihm ist immer alles gleichzeitig enthalten - das Ich, Du und Wir, das Oben, Unten und die Mitte, die Vergangenheit, Zukunft und Gegenwart. Nur in diesem Moment sind wir vollkommen, erlöst von Fehlbarkeit und dem damit verbundenen Glauben an Mangel. Der Anfang aller Dinge ist immer Jetzt, er ist im Jetzt verankert, weiß um alles und ist doch gänzlich davon unbelastet.

Im Jetzt öffnet die Ewigkeit seine Pforten und wir werden mit all unseren Erfahrungen, Wünschen und Vorstellungen umarmt. Im Jetzt sind wir von allem erlöst. Wir müssen nicht mehr andauernd von einem Neubeginn zum anderen hetzen, in der Hoffnung, wieder einmal im Zauber des Anfangs baden zu können. Tief in uns wissen wir, dass wir ununterbrochen von diesem Zauber berührt sind, nämlich jetzt. Wir werden still und können alles so lassen, wie es ist. Wir können in die Gewissheit eintauchen, dass alles seine Ordnung hat. Einverstanden mit dem, was uns das Leben schenkt und gelassen angesichts dessen, was es uns verwehrt, können wir uns so lassen, wie wir sind und mit uns die ganze Welt. Wir müssen nichts mehr wollen und auch nichts mehr nicht wollen. Zumindest müssen wir unser Wohl weder von Vorlieben noch von Abneigungen abhängig machen. Wir wissen, dass beides das Ergebnis unserer vergangenen Erfahrungen ist, die im Jetzt nur eine Idee *war, ist und sein wird.*

Die Idee von Zeit hat uns glauben lassen, dass es einen Anfang und ein Ende gibt. Genau dieser Gedanke war der Startschuss dafür, dass die Angst von uns Besitz ergreifen konnte. Wenn etwas zu Ende geht, resultiert daraus das Verlangen, etwas bewahren und festhalten zu wollen. Umgekehrt schürt es die Hoffnung, etwas loszuwerden und endlich hinter uns zu lassen. Ob wir es nun festhalten oder loswerden wollen, beide Kräfte binden uns. Wir sind in dieser Bindung verhaftet, die sich auf das Ich bezieht, das wir zu sein vermuten. Angst und Hoffnung drängen sich in Momenten des Zweifels in den Vordergrund, ziehen uns in ihren Bann und lassen uns vergessen, dass der Frieden nur im Jetzt entdeckt werden kann. Frieden ist nur in uns zu finden und nirgendwo anders. Der Anfang ist das Ende, weil das Ende der Anfang ist. Beides hat es nie wirklich gegeben.

## ZUSAMMENGEFASST:
## DAS GESETZ DES ANFANGS

Wer in Anfang und Ende denkt, denkt in Begrenzungen. Wer in Begrenzungen denkt, bleibt in seinem Denken stecken. Es geht darum, über das Denken hinauszugehen. Dort ist ein Raum, der Freiheit ist und Dualität nicht kennt. Dieser Raum ist unser ursprüngliches Sein. Entdecken wir es. Dieses Gesetz ist die Grundlage für **wahre Freude**, da sie jenseits von Anfang und Ende existiert.

Ist das Leben ein Geheimnis?
Finden wir es heraus,
indem wir in uns hineinschauen,
anstatt ständig außen zu sein.

# Das Gesetz des Lebens

Es ist ein ungeschriebenes Gesetz, menschlich zu sein. Menschlichkeit zeichnet uns aus und gewährleistet ein harmonisches Miteinander. Schon in der Bibel steht, dass wir unseren Nächsten lieben sollen. Doch um die Nachbarschafts-, Verwandtschafts- und Freundschaftsliebe ist es nicht immer so bestellt, wie wir uns das wünschen. Unseren Nächsten zu lieben, scheint schwieriger zu sein, als es im ersten Moment vermuten lässt. Was würden wir überhaupt sagen, wenn wir danach gefragt werden, wer unser Nächster ist?

Ist es ein anderer Mensch? Sind es die Menschen, die uns umgeben? Natürlich, wer sonst! Ist das die Antwort? Nein! Es gibt etwas, das uns noch näher ist. Allzu oft lassen wir es links liegen, sind sehr streng damit und haben ständig etwas daran auszusetzen. Wenn wir mit dem Kopf nach unten sehen, könnten wir es sehen. Was sehen wir? Wir sehen den Boden, die Erde. Was wir kaum sehen, ist unsere Hülle: den Körper, die Füße, die Hände, die Kleidung, die Nasespitze etc. Flüchtig betrachten wir vielleicht unsere Gestalt, unsere Bewegungen, die Kleidung, aber nehmen wir es wirklich wahr? Das Ich setzt voraus, dass es der Körper ist, es identifiziert sich mit ihm und bezieht ihn doch so wenig ins Leben mit ein. Warum sonst nehmen wir unsere Füße nicht wahr, wenn wir im Wald spazieren gehen? Vage tauchen sie zwar in unserem Sichtradius auf, wenn wir den Blick vor uns auf den Weg richten. Wirklich ansehen tun wir unsere Füße aber nicht. Haben wir das jemals getan? Wir sehen die Bäume und die

Tiere, es fällt uns auf, dass Wolken vorbeiziehen und Blätter vom Ast fallen, doch unser Körper scheint irgendwie in den Hintergrund zu rücken. Ist er unsichtbar? Ist er überhaupt in unserem Bewusstsein? Häufig bemerken wir ihn im Alltag erst dann wieder, wenn er schmerzt oder uns anderweitig Beschwerden bereitet. Im Normalfall aber schenken wir ihm kaum Beachtung. Tag für Tag trägt er uns durchs Leben, arbeitet selbst sehr präzise und unterstützt uns bei unserer Arbeit. Doch danken wir es ihm? Vielmehr ist es doch so, dass wir unseren Körper als selbstverständlich hinnehmen. Er ist einfach da und wir glauben, dass wir untrennbar mit ihm verbunden sind. Doch sind wir das wirklich?

Wer damit beginnt, sich selbst und seinen Körper bewusst wahrzunehmen, fängt an, Bezug zu sich selbst zu nehmen. Dieser Bezug hat nichts mit übertriebener Fürsorglichkeit oder Körperkult zu tun, sondern mit Achtung,

Respekt und Liebe vor dem eigenen Sosein. Wer seinen Körper als seinen Nächsten schätzt und ihm liebevoll begegnet, wird auch anderen Körpern, anderen Menschen, achtsam begegnen. Solange wir mit dem, was uns am nächsten ist, nicht in Harmonie sind, wird es uns auch an Harmonie im Kontakt mit anderen fehlen. Liebe entsteht im Inneren. Sobald sie dort entfacht ist, beginnt sich Menschlichkeit zu entfalten. Diese greift auf den Körper und auf das eigene Sein über, bevor sie einen Schritt vor die Türe, nämlich ins Leben macht. Plötzlich sehen wir die Welt mit anderen Augen und alles erscheint in einem neuen Licht. Der schiefe Baum, die krummen Beine, der fürchterlich zornige Chef, das ach so freche Kind, die heiße Sonne, der kalte Wind, alles zeigt sich uns neu. Wir müssen es weder vergöttern noch verteufeln, sondern können einfach das Sosein in allem entdecken, auch in dem, was wir vorhin noch bemängelt haben. Dinge zu bemängeln, zeugt von einem inneren Mangel.

Genau dieser Mangel, Dinge nicht so sehen zu können wie sie sind, mündet in den Mangel an Menschlichkeit. Menschlichkeit bedeutet nicht, zu allen lieb zu sein und jedem um den Hals zu fallen. Vielmehr geht es darum, anderen mit Achtung, Respekt und Liebe gegenüberzutreten. Dem anderen Verstandnis für sein Wesen und seine Bedürfnisse entgegenzubringen, zeugt von Größe und Reife. Und so ist es immer die eigene innere Haltung, die uns die Welt so spiegelt, wie wir sie sehen und erfahren.

Menschlichkeit ist Wärme. Menschlichkeit ist Freude. Sie lässt uns wohlgesonnen sein, uns und anderen gegenüber. Das Gesetz des Lebens ist ein einfaches Gesetz. Es entspricht unserer eigentlichen Natur. Von ihr haben wir uns wegbewegt und um sie wiederzufinden, sollten wir in die Natur gehen, uns in ihr bewegen. Dort werden wir uns finden, ohne etwas Bestimmtes suchen zu müssen. Es klingt zu einfach, um wahr zu sein, ja fast schon banal und doch kann ein Spaziergang in der Natur die Lösung für ein Problem sein, das viele Menschen haben: ein getrübtes Empfinden allen Lebewesen gegenüber. Die Natur löst die Probleme nicht für uns auf, aber sie schenkt uns Einsichten. Sie ermöglicht es uns, die eigene Sicht zu weiten und das Leben mit mehr Klarheit zu betrachten. Oberflächliches wird weichen, wenn wir uns die Natur genauer ansehen und in sie eintauchen, ohne in ihr stecken zu bleiben. Die Natur spiegelt unsere innere Schönheit wider. In ihr entdecken wir Stille. Sie entleert den Kopf. Gedanken ziehen ab. Sie lädt uns dazu ein, mit den Augen und mit dem Herzen wirklich hinzusehen. Sie lehrt uns viel.

Alle Blumen wenden ihren Kopf dem Licht zu. Alles in der Natur ist voller Hingabe, in stiller Natürlichkeit. Das Wort Natürlichkeit heißt nicht umsonst so, es wurde von der Natur abgeleitet. Das ist das, was wir vergessen haben, ganz natürlich, einfach wir selbst zu sein. Die Ausrichtung ist das, was das Leben erhellt und

Menschlichkeit entwickelt sich **in uns**, denn dort ist ihre Heimat.

## ZUSAMMENGEFASST: Das Gesetz des Lebens

Das Gesetz des Lebens ist ein ungeschriebenes Gesetz. Wir können es nicht lernen. Wir können es nur in uns finden, denn Erlösung findet nicht im Außen statt. Das Außen bedingt das Innen und nur über die äußere Welt können wir unsere Identität erforschen. Dieses Gesetz ist die Grundlage für **Gelassenheit.**

Das Leben lacht uns in
der Vielfalt entgegen,
doch dies nur zum Schein!

# Das Alles-ist-in-Allem-Gesetz

Alles kann durch reines Bewusstsein erfahren werden. In ihm ist alles vorübergehend sichtbar und aus ihm geht alles hervor. Alles Leben spielt sich im Feld des Bewusstseins ab. Wir sind eingebettet in reinem Bewusstsein und reines Bewusstsein in uns. Aber nicht nur wir als Menschen sind dort tief verankert, sondern auch jedes Lebewesen, jede Pflanze, alle Mineralien und jede einzelne Zelle. So ist die Gesamtheit aller Erscheinungsformen vollkommen miteinander verbunden. Alles tummelt sich in diesem Feld. Die Einheit offenbart sich im Bewusstsein als Vielfalt. Weil wir Bewusstsein nicht sehen können und wir nicht spüren, dass alles eins ist und aus einer einzigen großen Kraft atmet, leiden wir. Doch dazu gibt es eigentlich keinen Grund. Das Leid zeigt nur auf, dass wir dieses Gesetz nicht kennen. Da unser Denken nur in Begrenzungen und nicht darüber hinaus denken kann, bleibt es in seiner Fehlsicht stecken. Diese Fehlsicht entsteht durch den Blick auf das, was wir nicht sind. Wir sind nicht unser Verstand und doch stützen wir uns allzu sehr auf Kopfwissen. An wahrem Wissen jedoch fehlt es, an Wissen um unsere eigentliche Identität.

Jeder noch so kleine Organismus ist Teil der Einheit, die in jedem einzelnen Teil verwirklicht ist. In allem vibriert das Prinzip des Lebens in Form von harmonischer Schwingung. Alles ist Schwingung und von Grund auf in Harmonie mit allem anderen. Fällt etwas aus dieser Harmonie heraus, so wirkt sich dies auf die Gesamtheit allen Seins aus. Wir erleben derartige Wechselwirkungen auf vielen Ebenen unseres Daseins: Gibt es zum Beispiel nur in einem einzigen Gen innerhalb unseres Körpers einen Defekt, so hat dies auf den gesamten Organismus Auswirkungen. Gibt es innerhalb einer Familie, wenn auch nur zwischen zwei Menschen, eine Auseinandersetzung, so wird dieser Zwist unweigerlich auch auf den Rest der Verwandtschaft ausstrahlen. Befinden sich zwei Länder miteinander im Krieg, so betrifft dies die Gemeinschaft aller Völker. So ist das Gesetz.

In dem Moment jedoch, da wir uns vergegenwärtigen, dass alles, was wir wahrnehmen, eine Spiegelung im Bewusstsein ist, und wir uns er-innern, dass genau dieses Bewusstsein in uns selbst verankert ist, haben wir die Möglichkeit, umzudenken. Wir beginnen damit, die Bilder des Lebens in uns selbst zu durchschauen, anstatt sie im Außen zu wähnen und damit von uns zu weisen. Wir sind in der Lage zu erkennen, dass wir nicht notwendigerweise im Außen tätig werden müssen, um den vermeintlich verloren gegangenen inneren Frieden wieder lebendig werden zu lassen. Wir sehen ein, dass es durch geduldige sowie aufrichtige Innenschau möglich ist, zu Harmonie und reinem Bewusstsein zurückzukehren. Wie das geht? Indem wir jene Überlagerungen in uns entdecken und von ihnen ablassen, die sich als mentale Konzepte in uns angesammelt haben.

Mentale Konzepte zeigen sich in unserem Leben auf unterschiedlichste Weise als das, was wir unsere Weltanschauung nennen. Durch zahlreiche Erfahrungen und daraus abgeleitete Bewertungen wie etwas zu sein hat oder auch nicht, erleben wir immer wiederkehrende Konflikte. Vor allem wenn wir etwas partout ablehnen oder anders haben wollen, als wir es uns vorgestellt haben, geraten wir in einen Zustand von Disharmonie. Indem wir immer wieder an der einen oder anderen fixen Idee festhalten, verlassen wir den natürlichen Lauf der Dinge.

Wir mischen uns ein und klammern uns an das, was wir uns vorgestellt haben.

Dabei wird die Harmonie des Lebens überlagert, und wir werden unweigerlich weniger Energie zur freien Verfügung haben. Dies kann sich in vielfältiger Art widerspiegeln und sich in jeglicher Form von Verausgabung, Verstimmung, Verzweiflung oder noch so kleiner Verunsicherung bemerkbar machen. Überwinden wir jedoch alle zurechtgelegten Lebenskonzepte, Überzeugungen und Vorstellungen, wird sich unsere wahre Kraft nach und nach zeigen. Diese Kraft ist der harmonische Fluss des Lebens. Sie steuert nicht gegen, sie ist einfach gegeben. Diese Kraft lenkt uns auf der Reise in unsere Innenwelt und zeigt uns, dass alles in uns ist und dass die Welt nicht dort existiert, wo es unser Denken vermutet. Alles ist in allem enthalten. Alles ist miteinander verknüpft, ohne aneinander gebunden zu sein.

Doch welche Einsichten kann uns dieses Gesetz liefern? Letztlich gilt es, dies für sich selbst herauszufinden. Gewiss ist jedoch, dass jeder Mensch, der dieses Gesetz mit dem Herzen erfasst, im selben Moment Verantwortung für sein Leben übernimmt, alles Leben achtet und ihm mit Respekt und Liebe begegnet. Wer sich als Alles in Allem erkennt, wird sich sicher nicht selbst Schaden zufügen. "Was Du anderen antust, tust Du Dir selbst an", ist dann mehr als ein hübsches Zitat. Es sind Worte, die zur Gewissheit werden und eine unsagbar tiefe Aussagekraft bekommen, die mit dem Auge nicht erfasst und mit dem Kopf nicht verstanden werden kann. Dieses Zitat will in jeder einzelnen Zelle willkommen sein und uns zur Selbstverständlichkeit werden. Erst dann kann es verinnerlicht werden und ganz in unser Herz einfließen. Was nutzt uns das Wissen, dass alles eins und lebendig ist, wenn wir beim Spaziergang im Wald voller Unachtsamkeit auf Tiere treten und Pflanzen abreißen? Wer die Aussage

"Alles ist Eins" wirklich lebt, der nähert sich allem respektvoll und still. Er sieht nicht nur Blüten, Bäume und die Farbe Grün. Er sieht die Essenz dieser Dinge, weil er zu dieser erwacht ist.

## ZUSAMMENGEFASST: DAS ALLES-IST-IN-ALLEM-GESETZ

Alles erscheint uns als verschieden. Die äußere Form mag anders aussehen, doch der Kern aller Dinge kann sich nicht unterscheiden. Alles ist gleichwertig. Schauen wir dahinter und richten wir die Aufmerksamkeit in das All-Eine, das der Ursprung aller Dinge ist. Dieses Gesetz ist die Grundlage für **Zufriedenheit.**

Alles, was kommt, geht vorüber.
Wann beginnen wir, nach dem
Unvergänglichen Ausschau zu halten?

# Das Gesetz der Illusion von Werden und Vergehen

Wenn wir erkennen, dass Zeit nur als Idee betrachtet werden kann, wird deutlich, dass alles Werden und Vergehen ebenfalls nur eine Idee, eine Illusion sein kann. Auf der gedachten Zeitachse zwischen Vergangenheit und Zukunft scheint es zwar eine Dynamik von nacheinander stattfindenden Ereignissen zu geben, doch in Wahrheit geschieht alles ohne zu beginnen, oder ein Ende zu haben. Anfang und Ende treten nur deswegen in Erscheinung, weil einzelne Aspekte aus der Gesamtheit aller Möglichkeiten von einem Individuum besonders bedacht werden. Etwas zu bedenken, verleiht der ursprünglich ungebundenen Energie des reinen Bewusstseins zunehmend mehr Dichte. Bloße Ideen sind Gedanken, die sich dann als Vorstellung im Bewusstsein immer weiter verdichten, bis sie sich in der Welt der Sinnlichkeit materialisieren. Fortan können Subjekte Objekte über die Sinne wahrnehmen und erfahren.

Wenn wir etwas wahrnehmen, glauben wir, damit in irgendeiner Weise auch umgehen zu müssen. Wir können die Dinge nicht einfach nur so wahrnehmen. Immer wird etwas benannt, ein Etwas oder ein Jemand, weil wir es so gelernt haben. Außerdem bewerten wir es, indem wir dafür oder dagegen sind. Das ursprüngliche Problem liegt darin, dass wir uns als vermeintliches Ich auf etwas beziehen. Sobald wir Bezug nehmen, sind wir in diesem Bewertungsrad gefangen.

Spätestens da hat uns die Illusion fest im Griff und wir vergessen, dass das Ich der Inbegriff von Werden und Vergehen ist: Ohne das

Ich existiert keine Wahrnehmung, keine Zeit und damit weder Anfang noch Ende, weder Werden noch Vergehen.

Unser Kopf aber will uns weismachen, dass am besten alles differenziert bewertet werden sollte, damit wir wissen, wie wir damit umgehen und uns verhalten sollen. Auf diese Weise lernen wir im Laufe der Zeit immer mehr dazu und häufen in einem ursprünglich unbelasteten Bewusstsein immer mehr Erfahrungen an, die uns mit der Zeit mehr schaden als nutzen. Immer mehr muss bewältigt und verarbeitet werden, in scheinbar immer kürzerer Zeit. Was wir dabei vergessen haben? Wir selbst waren es, die alles, was in unserem Leben aufgetaucht ist, belebt, begutachtet und bewertet haben. Wir waren es, die den Erscheinungen in unserer Welt Substanz gegeben haben. Das kann kein anderer für uns tun. Wir haben uns vielleicht Macht, Ansehen und Besitz gewünscht, vorgestellt und darum gerungen. Und nun? Nun werden wir davon überrollt. Immer häufiger ringen wir nach Luft, wenn wir uns vergegenwärtigen, was es von nun an alles zu bewältigen gibt und so versuchen wir die Last der Verantwortung auf andere zu übertragen.

Verstärkt durch das Sehnen nach Balance und Bestand, fällt es uns schwer, Verdichtetes in Form von Gegenständen oder belebten Körpern ziehen zu lassen. Wir halten an allem fest und leiden unter Stresssymptomen. Wir sind verausgabt und versuchen um fast jeden Preis zu verhindern, dass etwas aufhört, uns etwas genommen wird, etwas zu Ende geht oder sich etwas aus unserem Leben stiehlt. Dabei übersehen wir, dass der Ursprung aller Dinge nur eine Idee war und dass alles wieder an seinen Ursprung zurückkehren wird. Vor allem aber fehlt uns die Gewissheit, dass wir nicht an Raum und Zeit gebunden sind. Im Ablauf von Werden und Vergehen sind wir - und alles was wir sehen - nicht mehr als eine Erscheinung, entstanden aus Ich-Konzepten, die das verschleiern, was wir tatsächlich sind.

## ZUSAMMENGEFASST: DAS GESETZ DER ILLUSION VON WERDEN UND VERGEHEN

Alles ist vergänglich. Wie kann es dann wirklich sein? Nur die Wirklichkeit ist von ewigem Bestand. Was ist dann das, was wir als real ansehen? Alles was uns umgibt, unterliegt dem Wandel. Es kommt und geht. Wo kommt es her? Wo geht es hin? Erforschen Sie diese Fragen, sie enthüllen die Grundlage für wahre Balance.

# Das Gesetz des Heilseins

Intuitiv dem Leben zu folgen, offenbart Harmonie und Heilsein. Schwingen wir uns auf das Leben ein, so wie es sich uns zeigt, so können wir erkennen, dass immer alles seine Ordnung hat.

Wenn wir mit dem, was uns gegeben und genommen wird einverstanden wären, würden wir weder Mangel noch Verzweiflung erleben. Wenn wir uns auf unsere Fähigkeiten und Gaben besinnen und bereit sind, diese weiterzugeben, erfahren wir ein harmonisches Miteinander mit uns und anderen. Häufig ziehen wir es aber vor, uns abzugrenzen und auszugrenzen. Durch das irrige Empfinden voneinander getrennt zu sein, erleben wir uns als Ich und sehen aus dieser Perspektive heraus alles als Gegenüber. So entstehen Verhaltensweisen, die das Heilsein verhindern. Wir horten dann beispielsweise Dinge, behalten sie für uns und teilen nicht. Wir geben dem Wort Ich mehr Raum, als dem Wort Wir. Heilsein ergibt sich aber aus dem Wir-Gedanken und nicht aus dem Ich-Denken. Das heißt nicht, dass wir alle Leute umarmen und lieb haben müssen und umgekehrt sie uns. Es geht nun einmal nicht um Körper, Hüllen und Erscheinungen, sondern um die ureigene Essenz all dessen.

Dennoch auf Erscheinungen fokussiert, sind wir selten mit dem einverstanden, was uns widerfährt. Wenn uns etwas stört, tun wir alles, um das Problem aus der Welt zu schaffen. Gefällt uns etwas, wollen wir unbedingt mehr davon. Selten sind wir zufrieden, weder mit uns selbst noch mit anderen. Auch mit den eigenen Lebensumständen hadern wir, zumal es immer Menschen gibt, die es besser haben als wir. So sehen wir das zumindest. Laufend gibt es Anlass zur Beanstandung, immer muss etwas verbessert oder verändert werden. Es soll anders sein, als es ist. Das Andere scheint attraktiver zu sein. Kennen Sie das auch? Was man nicht alles haben will und zum Schluss steht es nur herum, oder man nutzt es kaum. Warum ist das so? Nun, weil es Teil eines Spiels ist, das wir Leben nennen. Nur über Unzufriedenheit werden wir eines Tages nach Frieden und Heilsein Ausschau halten.

Das Leben hat es wahrlich nicht leicht, es uns recht zu machen. Vielleicht aber ist es ja bereits recht, so wie es ist, nur sehen wir es nicht. Warum streben wir immer noch nach mehr? Warum wollen wir alles haben, was wir uns in den Kopf gesetzt haben? Und warum haben wir es ständig auf etwas abgesehen, das sowieso nicht bleiben wird? Da alles Materielle vergeht, gibt es nichts, das wir auf ewig haben oder behalten könnten. Wenn wir sterben, lassen wir alles hinter uns und solange wir leben, werden Dinge in unserem Leben kommen und gehen. Das ist ein natürlicher Prozess, der davon zeugt, dass jegliche Erscheinung im Bewusstsein illusionär und damit vergänglich ist. Das, was wahrhaft Bestand hat, ist unsichtbar. Sich danach zu sehnen, macht wahrlich Sinn. Wann beginnen wir damit?

Ist es wirklich so wichtig, mit anderen mithalten zu können, sich genauso viel leisten zu können, oder über ebenso viel Wissen, Macht und Anerkennung zu verfügen? Ist all dies wirklich not-wendig, oder sind diese Bestrebungen nicht eher ein Anzeichen dafür, dass uns etwas fehlt? Ja, selbstverständlich ist es so. Nach etwas zu streben, bringt Mangel zum Ausdruck. Auch wenn wir glauben, über Mangelbewusstsein Bescheid zu wissen, ist es uns nicht bewusst, dass wir ständig im Mangel leben, im Mangel denken und sind. Würden wir ansonsten glauben, dass uns oberflächliche Errungenschaften wahrhaft tiefe Erfüllung schenken könnten?

Es kann natürlich auch vorkommen, dass uns im Leben materieller Wohlstand oder Ansehen einfach so zufließt, ohne dass wir es uns zum Ziel gesetzt haben. Plötzlich kommen Güter oder ein gewisser Bekanntheitsgrad einfach auf uns zu, ohne dass wir damit gerechnet haben. Auch dies könnte in uns eine Art Not auslösen. Wir wissen nicht, wie damit umgehen und möchten irgendwie Herr dieser Lage werden. Kurzum: Tatsächlich kann es uns offenbar kaum Recht gemacht werden und so befinden wir uns in einem steten Kampf, uns abzumühen. Damit sind wir dem Heilsein fern. Ein Zuviel oder ein Zuwenig ist selten im Lot. Eine gewisse Balance ist uns zwar in die Wiege gelegt worden, doch scheinen wir sie immer wieder aus den Augen zu verlieren oder nicht recht zu wissen, was es braucht, um sie *ins Leben zu bringen.*

Achtsamkeit und Selbsterforschung lassen den Blick weit werden und uns nach innen gehen. Auf diese Weise können wir erkennen, wo wir aus dem Lot geraten sind. Wir bemerken dann beispielsweise, wo der Körper uns auf ein Ungleichgewicht hinweisen möchte, wo Konflikte im Außen dazu dienen, uns auf innere Zwistigkeiten aufmerksam zu machen oder dass ein Stau Gelegenheit bietet, Eile und Ungeduld in Gelassenheit münden zu lassen. Ein bewusstes und aufmerksames Dasein ist der Weg ins Heilsein, den wir nie verlassen haben.

Heilsein ist nicht von Besitz oder Ansehen, Wohlbefinden oder Glück abhängig, genauso wenig wie von Gesundheit. Heilsein bedeutet, sich in jeder Lebenssituation seines inneren und immer vorhandenen Heilseins bewusst zu sein.

## ZUSAMMENGEFASST:
## DAS GESETZ DES HEILSEINS

Wir wollen heil sein, gesund sein, glücklich sein und natürlich wollen wir vieles mehr. Doch das alles sind wir tief in uns drin. Wir sind das bereits, was wir suchen! Heilsein ist unser natürliches Wesen. Es schläft in unserer Seele und wartet nur darauf, geweckt zu werden. Wecken wir es und bilden wir so die Grundlage für **Gesundung** auf allen Ebenen.

Die Wahrheit ist wie Feuer.
Sie brennt lichterloh.
Alle Irrtümer werden sich in ihr auflösen.
Was bleibt, ist ein kostbarer Schatz.

# Das Gesetz der Wahrheit

Wahrheit hat als Wort und Begrifflichkeit eine völlig andere Bedeutung, als allgemeinhin angenommen. Wenn jemand zu uns sagt, dass wir die Wahrheit sagen sollen, dann fühlen wir uns aufgefordert zu sagen, was wir denken. Wahrheit gibt es in unseren Gedanken keine. Es gibt eine persönliche Wahrheit, die jedoch nichts weiter als eine Perspektive von vielen ist und niemals die eine Wahrheit sein kann. Die eine, unpersönliche Wahrheit ist über alles erhaben. Sie existiert jenseits des Denkens und entzieht sich ihm. Sie ist unfassbar, liegt außerhalb der Sinne und bildet doch die Grundlage allen Seins. Es gibt nur eine Wahrheit, die dieser Beschreibung gerecht wird.

Die persönliche Wahrheit dagegen ist vielfältig und wird häufig auch mit Ehrlichkeit gleichgesetzt. Wenn wir die Wahrheit sagen, also nicht lügen, glauben wir, uns und anderen gegenüber aufrichtig zu sein. Wir glauben, dass das, was wir als Wahrheit sehen, Wirklichkeit ist. “Letzte Woche im Gespräch habe ich nichts als die Wahrheit gesagt und ich weiß einfach, dass ich ehrlich war.” Diese Form von Wahrheit bezieht sich auf das Menschsein und ist eine Wahrheit individueller Form. Diese Wahrheit ist natürlich nicht unwichtig und sie sollte stets gepflegt werden. Wer Unwahres ausspricht, lügt sich selbst an und schadet sich damit nur selbst.

Das Gesetz der Wahrheit ruft jedoch nicht dazu auf, die Wahrheit zu sagen, sondern geht weit darüber hinaus. Das Gesetz der Wahrheit bezeugt, dass alles so ist, wie es ist und dass nur das, was nicht ist, wirklich ist.

Schon in der griechischen Mythologie finden wir dazu sehr spezifische Aussagen, wie z. B. als Parmenides einst sagte: *"Denn das kannst du nie erzwingen, dass Nichtsein sei. Drum halte von diesem Weg des Fragens fern den Gedanken, lass dich nicht auf ihn zwingen, nicht durch die Gewohnheit und ihr vieles Erfahren, nicht durch das Walten der ziellosen Augen, des brausenden Gehörs und der Zunge - entscheide, dich besinnend, auf die streitvolle Prüfung, die aus mir verkündete: nur ein Weg bleibt über."*

Diese Worte aus dem Lehrgedicht des Parmenides über die Natur, scheinen im ersten Moment etwas schwer verständlich zu sein. Bei mehrmaligem Lesen jedoch können wir Botschaften entdecken, die sich zeigen, wenn wir bereit und offen dafür sind, etwas genauer hinzusehen. Zum Schluss dieser Worte steht "nur ein Weg bleibt über". Was aber ist das für ein Weg? Wie ist er zu verstehen?

Es ist der Weg der Wahrheit und dieser führt vorerst nach innen. Innen angelangt, werden alle Grenzen schmelzen und was bleibt, ist die Erkenntnis, dass Wahrheit nicht verstanden werden kann. Wir können ihr in uns begegnen und in sie eingehen. Zu ihr "zu werden" ist keinesfalls wörtlich, sondern vielmehr als geheimnisvolle Umschreibung "des bereits so sein" zu verstehen. **Was wollen wir werden, was wir nicht schon sind?** Wir sind das, was wir suchen. **Wir sind die Wahrheit.** Wir aber sehen sie als etwas von uns Getrenntes an und suchen sie im Außen. So erhoffen wir, durch das Gesetz der Wahrheit einen Wink zu bekommen, was wir tun sollen und wohin wir gehen müssen. Dies zu wissen, ist uns immens wichtig. Warum? Weil wir glauben und uns wünschen, durch gezielte Handlungen etwas bewirken und verändern zu können. Um mehr Zufriedenheit zu erlangen, suchen wir nach Antworten auf all unsere Fragen. **Dabei vergessen wir, dass der Fragende selbst Teil der Illusion ist.** Wir sind nicht der Handelnde. Wir handeln zwar, doch Handlungen geschehen durch uns und nicht aus uns heraus. Was wir als Wahrheit oder Realität ansehen, ist nicht die eine Realität. Dies gilt es zu erkennen. *Wahrheit lässt sich nicht wissen, aber sie lässt sich erfahren, wenn der Erfahrende als das, was er ist, durchschaut worden ist.* Wir wollen Anleitungen und Übungen, doch Wahrheit lässt sich nicht üben. So wie wir das Atmen nicht üben können, so können wir uns genauso wenig durch Handlungen der Wahrheit annähern. Atmen geschieht. Wir tun es nicht aus uns heraus. Es atmet uns. Das was uns atmet, dieses "Es", *ist* die Wahrheit.

Lassen wir also Anstrengungen hinter uns und geben uns dem hin, was ist. Wer sich ständig nur darüber beschwert, was nicht ist, verliert das, was ist, nur allzu leicht aus den Augen. Dessen sollten wir uns bewusst sein und zwar hier und jetzt, in diesem Augenblick. Da ist kein Gestern und kein Morgen. Alles schwingt im Jetzt, das ewig ist. Das Gesetz der

Wahrheit beinhaltet alles, alle Gesetze, alles, was ist.

## ZUSAMMENGEFASST: DAS GESETZ DER WAHRHEIT

Was wir als Wahrheit ansehen, kann immer nur eine persönliche Wahrheit sein. Dieser individuellen Sicht liegt eine Wirklichkeit zu Grunde. Wir können sie auch Bewusstsein oder Liebe nennen. Ergründen wir dieses Gesetz, damit wir **Selbstverwirklichung** erleben, die das einzig wahre Lebensziel ist.

Nichts ist von Bestand.
Alles vergeht.
Das, was bleibt, ist das,
was es zu erforschen gilt.

# Das Gesetz der Veränderung

D*as einzig Unveränderbare ist der Wandel.* Auch wenn wir diese Tatsache nicht so gerne wahrhaben wollen, so erleben wir sie doch tagtäglich. Menschen kommen und gehen und auch die Gesamtheit aller Lebensumstände ist ständigen Veränderungen unterworfen. Mal haben wir Geld, mal keines, mal erfreut sich unser Körper strahlender Gesundheit, mal ist er von Krankheit geplagt, mal haben wir Erfolg, dann wieder scheinen wir in einer Pechsträhne gefangen zu sein. Alles in Raum und Zeit ist dem Wechsel der Gezeiten ausgeliefert, auch dann, wenn wir dies nicht sehen können oder wahrhaben wollen.

Wer Veränderungen zu ignorieren oder gar zu verhindern sucht, übersieht hier etwas Grundlegendes. Er übersieht, dass das Bewusstsein, in dem alles erscheint und wieder verschwindet, als solches unveränderbar und immer gleichbleibend ist. Was sich verändert, ist das Sichtbare, das nicht beständig sein kann – weil es *nicht "ist"*. Es erscheint und ist somit nichts weiter als Bestandteil der illusorischen Dualität. Über unsere Sinne nehmen wir Dinge, Menschen und Situationen wahr. Sie kommen und gehen. Über unseren Verstand und das damit verbundene Zeit-Raum-Kontinuum, sind wir in der Lage, uns an bestimmte Lebensaspekte zu erinnern. Sinnes- und Verstandesaktivitäten sind einem steten Wandel ausgesetzt, nicht aber jenes Bewusstsein, in dem beides stattfindet. Reines Bewusstsein ist wie eine Kinoleinwand, die den Bildern unseres Lebens eine Plattform schenkt, wobei sie selbst davon unberührt bleibt. Die Frage ist also, womit wir uns identifizieren. Unserer Zufriedenheit hängt davon ab, womit wir uns identifizieren. Ob wir uns "nur" als Mensch erleben, der der Vergänglichkeit unterworfen, abwechselnd mit Freude und Leid konfrontiert wird, oder als Mensch und Bewusstsein, wobei alles, was geschieht seine absolute Ordnung hat.

Was glauben wir zu sein? Sind wir der Kinofilm oder die Leinwand? Sind wir Körper oder Bewusstsein? Haben wir Bewusstsein oder hat Bewusstsein uns? Wir wissen es nicht und können es auch nicht wissen. Doch je mehr wir davon ablassen, es wissen zu wollen, umso gewisser werden wir in unserem Inneren sein. Indem wir von Identifikation - mit dem was kommt und geht - ablassen, tauchen wir in jene Leere ein, die alles in sich vereint, ohne sich mit etwas zu verbinden.

Im Alltag fällt es uns schwer, einzelnen Aspekten unseres Daseins keine allzu große Beachtung zu schenken. Immer wieder geschieht es, dass wir uns von den Bildern auf unserer augenblicklichen Leinwand regelrecht gefangen nehmen lassen und diese sogar als Ausdruck von Lebendigkeit verstehen. Ist es tatsächlich ein Zeichen von Lebendigkeit, wenn wir von einer Aufregung in die nächste stolpern, immer und überall erreichbar sind und dem Vergänglichen nachjagen?

Wahrscheinlich sind wir so daran gewöhnt, den Bewegungen in unserem Verstand und damit den Bildern auf der Kinoleinwand zu folgen, dass uns gar nicht mehr in den Sinn kommt, beides als oberflächlich und illusionär zu durchschauen. Würden wir es wagen, die Welt der unendlichen Erscheinungen zu durchschauen, könnten wir erkennen, dass wir von Veränderung vollkommen unberührt sind. Mag sein, dass das Ich davon berührt ist, nicht aber das

Selbst. In der Tiefe unseres Selbst ist Leere erfüllt und Frieden allgegenwärtig. Es herrscht vollkommene Lebendigkeit. Sind Sie bereit, sich in diese Tiefe hineinfallen zu lassen oder fürchten Sie sich davor, dass Sie vom unendlichen "Nichts" verschluckt werden könnten?

Woran hängen wir so sehr fest, dass es uns so schwerfällt, uns vollkommen nach innen zu wenden? Am Bestehenden festzuhalten bringt Turbulenzen, Zwiespältigkeit und Unfrieden mit sich. **Der daran geknüpfte Wandel ist weder gut noch schlecht, er ist gegeben.** Der Wandel bietet uns aber auch keine Sicherheit, nach der wir uns so sehr sehnen. Er nimmt uns das, was wir lieb gewonnen haben und bringt uns das, was wir nie wollten. Woran also halten wir fest? Wer am Leben festhält, hält auch an der Veränderung fest, weil Leben Veränderung ist. Wir könnten uns genauso gut an einem Eiswürfel festhalten. Liegt es nicht in seinem Wesen zu schmelzen? Warum ihn also festhalten? Wozu? Warum traurig sein, wenn er zu Wasser wird? Selbst wenn das Wasser verdampft, ist es immer noch da. Nur weil wir es nicht sehen können, heißt das noch lange nicht, dass es weg ist. Es existiert zwar nicht mehr in seiner ehemaligen Form, doch es kann sich ja nicht in Luft auflösen. Das Kind, das heute erwachsen ist, ist im Kern immer noch es selbst, obwohl es sich äußerlich verändert hat. Es scheint ein anderer Mensch zu sein, doch dies betrifft nur die Hülle.

Alles verändert seine Form. Selbst wenn es für das Auge anders aussehen mag, so bleibt doch alles gleich. Dies gilt auch für das Älterwerden und das Sterben. Sterben ist eine Veränderung. Es ist ein Aufbrechen in eine andere Welt. Der Kern der Materie bleibt stets unverändert und wandelt sich nicht. Wir sehnen uns zwar nach der Ewigkeit, möchten aber nicht gehen. Was geht ist die Hülle, die wir niemals gewesen sind. Jeder Mensch will lange leben, aber niemand will alt werden. Älter werden ist wirklich nichts für Feiglinge. Das ist wohl wahr.

Doch es betrifft uns alle, niemand ist davon ausgenommen.

Bedenken wir also, dass das Gesetz der Veränderung nur die Materie betrifft und mit uns selbst nicht das Geringste zu tun hat.

## ZUSAMMENGEFASST: DAS GESETZ DER VERÄNDERUNG

Veränderung ist ein natürlicher Ablauf, der dem Leben unterliegt. Es gibt nichts, was bleibt, da alles nur zum Schein existiert. Alles erscheint innerhalb des dualen Feldes und muss auch wieder vergehen, weil es einer Projektion gleicht. Das Leben ist wie der Schatten der Sonne, der aus sich heraus nicht existieren kann. Schauen wir hin und leben dieses Gesetz mit Hingabe, denn wer keinen Widerstand leistet, wird Leichtigkeit erfahren.

# Das Gesetz der Entsprechung

So wie wir denken, so fühlen wir uns und so erleben wir auch die Welt. Unser Blick auf die Welt beeinflusst das, was wir sehen und das, was wir sehen, nimmt wiederum Einfluss auf uns.

Diese Entsprechung zwischen Innen und Außen folgt einer Gesetzmäßigkeit, die wir nicht immer in uns willkommen heißen. Selten möchten wir uns eingestehen, dass es in unserer Verantwortung liegt, wie es uns geht. Lieber ziehen wir diesbezüglich alle nur erdenklichen Umstände zur Rechenschaft.

Bei konsequenter und aufrichtiger Betrachtung zeigt sich jedoch, dass sich unser Empfinden immer nach unserer eigenen Denkweise richtet. Befassen sich unsere Gedanken mit etwas, das wir ablehnen, so wirkt sich das unmittelbar auf unser Befinden aus. Wenn wir etwas verurteilen, kann es mit der Gelassenheit und dem inneren Frieden schnell wieder vorbei sein. Umgekehrt ist es nicht anders. Wenn uns etwas sehr erfreut, schwelgen wir in Glückshormonen. Kurzum: Geschieht Positives, sind wir gut gelaunt, geschieht Negatives, kippt die Stimmung und wir sind schnell einmal verstimmt. Denken wir aber daran – alles, was wir befürworten oder verurteilen, hat eine entsprechende Wirkung zur Folge. Das besagt das Gesetz der Entsprechung. Unser Leben ist weder gut noch schlecht, es entspricht uns einfach. Alles, was geschieht, entspricht uns, unseren Gedanken, unserer Vorgeschichte und unserer Persönlichkeit.

So wie wir sind, wird uns das Leben begegnen. Somit sind wir das Leben. Wir selbst verursachen das, was wir Leben nennen, weil wir die Ursache und die Wirkung sind. Die Ursache innerer Ablehnung oder Begierde zieht etwas nach sich, das sich als Entsprechung in unserem Leben widerspiegelt. Wir mögen vielleicht den Hund des Nachbarn nicht und so ist es kein Wunder, dass er uns ungute Emotionen beschert und sich partout nicht streicheln lassen will. Der Hund kann nicht anders sein, als es unserer Gesinnung entspricht. So wie wir ihn sehen, so wird er uns begegnen, da das ganze Leben eine Spiegelung unseres Soseins ist.

Innerer Frieden durchdringt uns in jedem Moment und offenbart sich über die Kraft von Gleichmut. Diese Kraft hat nichts mit der Energie von Gleichgültigkeit zu tun. Nein, darum geht es nicht. Es geht vielmehr darum, sich weder mit Positivem noch mit Negativem in besonderer Weise zu identifizieren. Warum auch, da beides doch immer nur die Entsprechung unseres Ichs sein kann. Beides darf sein. Beides kommt und geht. Halten wir es nicht fest und lassen es ziehen. Dies gelingt, wenn wir die Form eines Beobachters einnehmen. Und zwar nicht als persönlicher, sondern als unpersönlicher Zuseher, der sich nicht mit dem Gesehenen identifiziert.

Unsere Gedanken, Gefühle, Worte und Handlungen entscheiden also über das, was im Außen geschieht. Sie machen uns bewusst, was wir als unsere individuelle Realität erleben und in unser Leben ziehen. In dem Moment, wo wir z. B. einen Gesprächspartner von der eigenen Meinung überzeugen, ihn bloßstellen, oder verurteilen, werden wir dies früher oder später zu spüren bekommen. Alles fließt zu seinem Ursprung zurück und da wir dieser sind, fällt es auf uns zurück. Auf wen sonst? Es geht nicht darum, nicht bewerten zu dürfen, sondern zu erkennen, dass eine Bewertung einer individuellen Sicht und Meinung entspricht, die lediglich unsere Wahrnehmung widerspiegelt, nichts weiter. Alles andere bleibt davon unberührt. Es zeigt auf, dass wir ein Problem mit etwas haben. Wer dies realisiert, lässt das Bewerten automatisch sein. Er will ja nicht mit jeder Bewertung seine Unzulänglichkeiten bestätigen.

Sie haben es sicher schon vielfach erlebt, dass jemand, der andere schlecht macht, ausschließlich sich selbst ins Abseits stellt. Es macht nicht besonders beliebt, ständig über andere herzuziehen. Solche Menschen sind nicht sehr gefragt. Ihre Gesellschaft wird gemieden.

Wenn wir jedoch andere weder verurteilen noch beeinflussen wollen, wird eine völlig andere Energie freigesetzt. Dies geschieht auch, wenn wir davon ablassen, uns überall einzumischen und uns stattdessen einfach mal der Stimme enthalten. Es kann durchaus passieren, dass das Gegenüber damit nicht zurechtkommt, sich nicht verstanden und abgelehnt fühlt, oder so viel Harmonie einfach nicht ertragen kann. *Das aber wiederum wird uns keine Last sein, da wir einer Energie gefolgt sind, die uns mit uns selbst versöhnt und uns zutiefst ehrt.* Es ist eine Kraft, die uns wirklich entspricht, da wir diese Entsprechung sind. Auf diese Weise bleiben wir in uns offen und dies ermöglicht uns, jedem und allem mit Gleichmut zu begegnen.

## ZUSAMMENGEFASST: DAS GESETZ DER ENTSPRECHUNG

Das, was sich in uns zeigt, projiziert nach außen ein Bild, das unser Leben und unsere Lebensumstände formt. Das war immer so und wird immer so sein. Das ist das Gesetz und wir haben die Wahl, ob wir weiterhin unbewusst vor uns hin leben und alle damit verbundenen Unannehmlichkeiten in Kauf nehmen wollen, oder ob wir uns nach dem **Frieden** in uns umschauen möchten.

Wer den kleinen Dingen
Aufmerksamkeit schenkt,
wird vom Leben beschenkt!

# Das Gesetz der Aufmerksamkeit

Energie folgt der Aufmerksamkeit. Diese physikalische Gesetzmäßigkeit besagt, dass das, worauf wir unsere Aufmerksamkeit richten, in besonderer Weise belebt und dass diese Zuwendung immer von einer bestimmten Energie begleitet wird. Je nachdem, mit welcher Gesinnung diese Energie ausgestattet ist, wird sich das jeweilige Erleben beschwerend oder harmonisierend für uns auswirken.

Wir kennen das: Jede Form von Halbherzigkeit mindert unsere Aufmerksamkeit und zugleich die damit verbundene Energie. So wird jede Tätigkeit, die wir nur halbherzig erledigen, dementsprechende Ergebnisse liefern. Wir sollten etwas ganz und gar "machen", oder es sein lassen. Worauf wir unsere Aufmerksamkeit richten, dort sind auch wir selbst. Dies bedeutet, dass wir zu dem werden, womit mir uns beschäftigen, wofür wir uns engagieren und begeistern. Wandert unsere Aufmerksamkeit zu Unannehmlichkeiten, wird uns das Leben mit eben diesen konfrontieren. Da ärgern wir uns beispielsweise über einen Bekannten und fragen uns: Warum lässt mich diese Person nicht in Ruhe? Nur, wie soll sie das, solange wir an sie denken, uns mit ihr befassen und sie immer wieder durch Gedanken und Gefühle in uns beleben? Warum ziehen wir unsere Aufmerksamkeit nicht ab?

Wir ganz allein bestimmen, worauf wir unsere Aufmerksamkeit richten und sollten sie doch stets der einen Kraft widmen. Sie sorgt für uns. Alles kommt von ihr, weil sie die Quelle allen Seins ist. Wie oft jedoch richten wir uns wirklich nach ihr aus? Wie oft schauen wir dorthin, woraus Leben entsteht? Täglich wird uns so viel gegeben! Uns wird der Atem geschenkt, Lebendigkeit, Bewusstheit und vieles, vieles mehr. Wie wäre es damit, der Dankbarkeit unsere ganze Aufmerksamkeit zu schenken?

Das, was wir aussenden, kehrt zu uns zurück. Auf der Grundlage dieser Gesetzmäßigkeit kann jedes Individuum in jedem Moment für sich selbst entscheiden, welcher Idee von Leben er seine Aufmerksamkeit schenkt – jener Idee, die Trennung bewirkt, oder jener, die dem Bewusstsein von Einheit dient. Der Idee von Trennung Glauben zu schenken und sich von ihr leiten zu lassen, nährt in erster Linie Angst und zwingt uns Handlungen auf, die unnatürlich sind. Trennung bewirkt Gegenständliches, das uns ständig verfolgt. Der Glaube daran hat sich tief in uns eingebrannt, stärkt die Ich-Perspektive und erweckt Dualität zum Leben. Auf diese Weise ist es für uns normal geworden, Dinge als voneinander getrennt wahrzunehmen. Jeder sieht die Dinge so, wie er sie sieht. Das ist eine Gegebenheit, aber noch lange kein Grund, genau so weiter zu verfahren.

Bemühen wir uns also, am besten ohne Mühe, uns über diese Trennung zu erheben und sie zu erforschen, damit wir ihr eigentliches Wesen erkennen können.

Wenn wir dem Einheitsempfinden unsere Aufmerksamkeit schenken, werden wir - in Verbundenheit mit allem - tiefes Vertrauen ernten und tiefen Frieden erfahren. Wir durchschauen, dass in dieser Verbundenheit so etwas wie Individualität letztlich eine Illusion sein muss. Wir erkennen, dass alle scheinbaren Grenzen lediglich der Wahrnehmung unseres Verstandes entspringen, nicht aber dem, was wir in Wirklichkeit sind: reines, unbegrenztes Bewusstsein.

Seien wir kritisch mit uns selbst, wenn es darum geht, wohin wir schauen, denken und handeln. Überprüfen wir unsere Ausrichtung mehrmals täglich, am besten immer wieder aufs Neue.

Korrigieren wir sie und achten darauf, dass sie stets nach innen gehen sollte, anstatt allzu lange im Außen zu verweilen. Die Wahl unserer Ausrichtung entscheidet über den Verlauf und den Inhalt unseres Lebens. Deshalb ist es wichtig, eine bewusste Form des Wahrnehmens zu kultivieren. Wer in die Tiefen der Seele eintaucht, wird sehen, dass sich nach und nach automatisch Veränderungen in der Sichtweise ergeben. Wie sollte es auch anders sein? Je klarer wir werden, umso klarer wird sich auch das Leben gestalten. Wer mit seiner Aufmerksamkeit im Innen ruht, wird Gelassenheit erfahren und sein Leben mit anderen Augen sehen.

## ZUSAMMENGEFASST:
## DAS GESETZ DER AUFMERKSAMKEIT

Wo auch immer wir hinsehen, werden wir sein. Was auch immer wir denken, werden wir erfahren. Was auch immer wir glauben, wird zu unserer persönlichen Realität. Achten wir darauf, wo unsere Aufmerksamkeit ruht, was wir denken, sagen und tun. Wir formen unser Leben und nur so wird es zu dem, was wir erfahren. Achtsamkeit ist der Schlüssel, um das Tor zur **Glückseligkeit** zu öffnen.

# Das Gesetz der Serie

Manchmal kommt es uns so vor, als ob wir von Glück oder von Unglück geradezu verfolgt werden. Egal, was wir tun, alles scheint entweder schiefzulaufen oder es läuft wie am Schnürchen. Ist das tatsächlich so, oder haben Glück und Unglück einfach nur mit unserer eigenen Perspektive zu tun? Es scheint ein Phänomen zu sein, dass Glückssträhnen anhalten und ein Unglück selten alleine kommt. Meist hinterfragen wir das nicht und glauben, einfach nur Glück oder Pech gehabt zu haben. Dies ist jedoch keineswegs so, denn wer im

Glück schwelgt, wird Positives leichter anziehen. Mit Pech verhält es sich nicht anders. Wer in einer vermeintlichen Pechsträhne steckt, denkt mitunter Sätze wie “nicht schon wieder”, “wann hört das endlich wieder auf”, oder “das hat ja so kommen müssen”. Mit diesen Gedanken wird die Unglücks-Serie aber regelrecht vorprogrammiert, da sich die Aufmerksamkeit ständig um negative Gedanken dreht.

Glück ist beliebt, Unglück nicht. Was aber lässt uns zwischen Glück und Unglück eine Trennlinie ziehen? Im ersten Moment scheinen es unsere Erfahrungen zu sein, die uns das eine vom anderen unterscheiden lassen. Wir erleben und hören von anderen, dass sich bestimmte Situationen, Energien oder Begegnungen gut anfühlen, andere nicht. So kamen wir zu dieser Unterscheidung und seitdem halten wir daran fest. So kommt es, dass eine Situation, die als Belastung empfunden wurde, auch in Zukunft diesen Stempel aufgedrückt bekommt. Nehmen wir an, Sie nehmen bei einer Prüfung teil, bei der Sie schlecht abgeschnitten haben. Demnach wird jede weitere Prüfung von einem mulmigen Gefühl begleitet sein und von Ihnen als ungutes Ereignis eingestuft werden. Wenn Sie bei mehreren Vorstellungsgesprächen eine Absage erhalten, wird jedes weitere Gespräch ebenfalls negativ vorprogrammiert sein. Wenn viele darauffolgende Gespräche nicht funktionieren, bedeutet dies mit Sicherheit nicht, dass Sie für diesen Job unfähig sind.

Schauen Sie genau hin, wie Sie Situationen begegnen. Es sollte immer so sein, als ob es das erste Mal wäre. Wenn Sie glauben, den Job sowieso nicht zu bekommen und denken, dass jedes weitere Vorstellungsgespräch ohnehin nichts bringen wird, dann sind Sie im Gesetz der Serie gefangen.

In diesem Gesetz schwingen noch weitere Programme mit, die wir uns im Laufe der Zeit angeeignet haben. Wenn wir ganz genau hinschauen, erkennen wir, dass es dabei immer die

Saat der Gedanken ist, die über eine Situation entscheidet. Zum Beispiel glauben wir, dass es von Glück zeugt, wenn wir gesund, reich, schön oder beliebt sind. Wir glauben es und fühlen uns gut, wenn es so ist. Wir fühlen uns aber auch bereits dann gut, wenn wir nur daran denken, dass es so wäre. Ist das nicht verrückt? Es ist gar nichts passiert. Allein der Gedanke an etwas, das wir mit Glück verbinden, vermag es, uns glücklich zu stimmen. Umgekehrt leiden wir, wenn etwas im Leben nicht erfüllt ist. Wie oft denken wir: "hoffentlich passiert mir das nicht!". Nehmen wir als Beispiel einen schweren Autounfall in der Nachbarschaft. Schon der Gedanke daran, selbst in eine solche Situation zu geraten, macht Angst und bereitet uns Unbehagen. Aber warum sollte uns das passieren? Warum denken wir so etwas? Wir könnten genauso gut denken, "so wie dieser Baum will ich nicht aussehen", oder "hoffentlich werde ich nicht verweht, so wie die Wolken". Das denken wir doch auch nicht, oder? Warum sollten wir auch?

Stellen wir uns doch einmal in aller Konsequenz die Frage, ob es Sinn macht, fortwährend Befürchtungen zu nähren. *Befürchtungen können erst eintreffen, wenn wir welche hatten!* Lassen wir diesen Satz nicht einfach so an uns vorüberziehen, sondern denken wir über ihn nach.

Oft geschehen Dinge und dann sagen wir: “Wusste ich´s doch, dass das passieren wird.” Ja, wir haben es gedacht und auch gewusst. Ist es vielleicht genau deswegen passiert, weil wir gedacht haben, dass es passieren wird. Vielleicht bilden wir uns noch etwas darauf ein, wie intuitiv wir doch wieder einmal waren. Dabei vergessen wir, dass das Geschehen regelrecht in uns vorprogrammiert wird und es nicht anders geschehen kann, als wie wir es sehen. So gilt es letztlich einzusehen, dass wir unendlich viele Vorstellungen und Einbildungen mit uns herumtragen. Sie zu entlarven und zu durchschauen, dazu ist es nie zu spät. Jetzt wäre eine wirklich gute Gelegenheit dazu.

Wir sind es von klein auf gewohnt, der Gedanken-Welt sehr viel Beachtung zu schenken, sie als Bestandteil von uns anzusehen, uns mit ihr zu identifizieren. Was wir darüber vergessen: *Wir haben* Gedanken, aber wir sind sie nicht. Weder gehören sie uns noch müssen wir ständig an ihnen festhalten und sie wiederbeleben. Im Glauben jedoch, “unsere” Gedanken zu sein, definieren wir uns über sie und lassen uns von ihnen begrenzen. Dabei könnten wir beliebig viele Gedanken “haben” und uns gleichzeitig darauf besinnen, dass wir die Wahl haben, welche Gedanken wir zulassen und welche wir zurückweisen. Wir sind keineswegs auf ein bestimmtes Gedankenrepertoire festgelegt und müssen nicht immer wieder in Serie denken. Erst recht müssen wir keine Konsequenz aus Gedanken ableiten und unser Befinden davon abhängig machen. Wir könnten jetzt damit beginnen, gedankliche Vorgänge zu hinterfragen und von Grund auf umzudenken. Durch diesen Umdenkprozess entdecken wir, dass es uns freisteht, etwas positiv oder als negativ zu bewerten. Es steht uns frei, Bewertungen keine allzu große Beachtung mehr zu schenken. Sie müssen nicht für oder gegen etwas sein. Sie können es einfach dabei belassen, wie es sich gerade zeigt.

Wir sollten uns fragen, ob es wirklich notwendig ist, unser Leben an Kategorien wie "gut oder schlecht", "erwünscht oder unerwünscht", auszurichten. Lassen wir uns doch einfach in das hineinfallen, was uns ohnehin immer durchdringt - jene Kraft, die keine Unterschiede macht und alles in sich vereint. Warum diese Kraft nicht einfach durch uns wirken lassen? Gedanken kommen und gehen, lassen wir sie ziehen. Ohne uns von diesen Gedankenbewegungen beirren zu lassen, können wir aus der Kraft schöpfen, die alles eint und so dem Leben, dem Umfeld und uns selbst mit Respekt, Freundlichkeit und Geduld begegnen. Was könnte schon passieren, außer dass uns eine neue Serie wiederfährt - die Serie der Liebe?

## ZUSAMMENGEFASST:
## Das Gesetz der Serie

Es heißt nicht umsonst, dass alles, was wir aussenden, zu uns zurückkommen wird. So ist es kein Wunder, dass negative Gedanken Erfahrungen von vermeintlichem Pech nach sich ziehen und umgekehrt, positive Gedanken die Erfahrung von Glück eröffnen. Es kann nicht anders sein. Wer vor lauter Freude nur noch tanzen und singen möchte, der versprüht positive Kraft und zieht diese in sein Erleben. Das Gesetz der Serie besagt, dass wir das anziehen, was wir aussenden und zwar in kontinuierlicher Form.

## Spieglein, Spieglein an der Wand, …
## Gibt es mich wirklich?

# Das Spiegelgesetz

Das, was von unserem Verstand wahrgenommen wird, wurde auch von ihm projiziert. Da immer nur dass, was wir kennen projiziert werden kann, können wir auch immer nur das wahrnehmen, was uns bekannt ist – das, was wir schon einmal erfahren haben und in das Repertoire unseres Erfahrungshorizontes aufgenommen haben. So ist alles, was wir im Außen wahrnehmen, lediglich das, was wir in unserem Bewusstsein angesammelt haben. Es ist ein Spiegel unserer eigenen Welt. Diese Welt ist so, wie wir sie sehen und für jeden wird sie anders sein.

Dieses Gesetz anzuerkennen, eröffnet zunächst einmal zwei Sichtweisen: Entweder wir schauen von innen nach außen und schließen von uns auf andere oder wir orientieren uns an dem, was wir außen sehen und bringen dies mit unserem Innenleben in Verbindung. Im ersteren Fall wollen wir unsere Vorstellungen einer Welt auch anderen Menschen nahebringen und werden sehr viel Energie dafür aufwenden, sie davon zu überzeugen. Im zweiten Fall sehen wir das, was uns im Außen widerfährt als eine Vielzahl von Zeichen an, die uns vermeintlich auf etwas hinweisen wollen. So stehen wir beispielsweise an einer roten Ampel und glauben für einen Moment, dass diese eine Art symbolhafte Aufforderung sein könnte, auch sonst im Leben häufiger einfach mal stehen zu bleiben, anstatt ständig weiterzulaufen. Oder wir betrachten die rote Ampel mit resigniertem Blick und glauben, dass uns auch anderweitig immer nur Hindernisse in den Weg gelegt werden.

Welche Sichtweise auch immer eingenommen wird, eine jede weist auf etwas hin. In jedem Fall nämlich wird darüber offenbar, dass es in uns ein geradezu unverwüstlich anmutendes Bestreben gibt, alles, was geschieht, mit unserem Inneren in Einklang bringen zu wollen. Dies scheint ein Standardprogramm aller Menschen zu sein. Alles, was uns widerfährt, muss gut sein und uns passen. Passt es uns nicht, dann muss es entweder ausgemerzt, zurechtgerückt oder analysiert werden. Und zwar so lange, bis wir es uns so zurechtgeschneidert haben, dass es entweder akzeptabel ist oder ausgeblendet werden kann. Wir sind ständig dabei, Innen und Außen miteinander zu verknüpfen und vergessen dabei, dass beides nur jeweils eine Seite von ein und derselben Medaille ist. Noch dazu übersehen wir, dass diese Medaille lediglich eine Erscheinung in unserem Bewusstsein ist, die uns davon ablenkt, tiefer zu blicken und über die Begrenzung der dualen Wahrnehmung hinauszusehen. So versäumen wir es zu durchschauen, dass alle unsere Sichtweisen, Urteile und Erkenntnisse nur eine Überlagerung des eigentlichen Seins und nichts weiter als Ideen und Hirngespinste sind.

Selbstverständlich können uns Ideen einen unschätzbaren Reichtum an Erkenntnissen schenken. Doch Erkenntnisse beschränken sich auf das Ich. Wir aber sind dazu da, über das Ich hinauszuwachsen und uns als Selbst zu entdecken. Durch das Ich können wir die Gesetzmäßigkeiten innerhalb von Zeit und Raum erfahren und entdecken. Danach jedoch ist ein Schritt notwendig, der unumgänglich und wohl der wichtigste unseres Lebens ist. Das Ich muss als Farce durchschaut werden und dies kann wiederum nur mithilfe des Ichs gelingen. Auf diese Weise können wir mit der Zeit die weltliche Ordnung mit der Höheren Ordnung in Zusammenhang bringen und schließlich in dem Wissen erwachen, dass beide Ordnungen untrennbar miteinander verbunden sind.

## ZUSAMMENGEFASST: DAS SPIEGELGESETZ

Das Leben ist eine Spiegelung im Bewusstsein und wir erscheinen darin mit unserem Körper. Erst die Anerkennung der Einheit allen Seins erlaubt es, das Spiegelgesetz in seiner umfassenden Tiefe zu entdecken. Wir erkennen, dass alles, was sich in unserem Bewusstsein spiegelt, zwar das Innere unseres Menschseins ist, doch gleichzeitig immer nur die Gabe des Einen sein kann. Es gibt keine Trennung. Alles ist Eins.

Unser wahres Wesen ist Fülle.
Wir können nichts werden, aber
in uns hineinsehen, was wir sind.
Jetzt!

# Das Gesetz der Substanz

Dieses Gesetz besagt, dass wir ständig aus dem Vollen schöpfen. Substanz meint in diesem Zusammenhang nicht die Materie, sondern unsichtbare Fülle, die alles hervorbringt, was über die Sinne wahrgenommen werden kann. Natürlich gilt das auch für das Unsichtbare, doch um das brauchen wir uns nicht zu kümmern. Das Unsichtbare, die Fülle selbst, die uns atmet und lenkt, ist ohnehin ewig und unveränderlich ein und dasselbe. Durch diese Fülle schöpfen wir aus dem Vollen, unabhängig davon, ob wir glauben, versagt oder etwas erreicht zu haben. Wir können nicht anders, als aus dem Vollen zu schöpfen, weil da nichts anderes ist. So wie wir nur Luft atmen können, ergibt sich alles aus dieser Alleinheit, da sie die Essenz aller Dinge ist. Wie aber können wir dieses Gesetz in uns ehren?

Nun, wir ehren es, indem wir uns bewusst werden, dass alles, was geschieht, aus der Fülle hervorgeht. Ob es ein Gewinn ist, oder eine Pleite, eine neue Begegnung, oder eine Trennung – alles basiert auf der Grundlage von Fülle. Ziehen wir einmal zur Veranschaulichung die Vielfalt von Gemälden heran. Es gibt unzählige Bilder. Jedes sieht anders aus. Jedes wurde von einer anderen Hand gemalt. Jedes zeigt seine eigene Zusammensetzung an Farben und ist geprägt von individuellen Techniken. Bilder entstammen sogar unterschiedlichen Epochen. Und obgleich alle komplett verschieden sind, haben sie doch eines gemeinsam: eine Leinwand als Trägermaterial und als Fläche, die ursprünglich weiß und leer ist. Die Leinwand ist als solche immer gleich. Sie ist geduldig und es ist ihr einerlei, was auf ihr erscheint. Niemals käme es ihr in den Sinn, sich mit den Farben oder Motiven zu identifizieren.

Was können wir daraus ableiten? Wir sollten uns auch in Gleichgültigkeit üben. Wir können einen Tadel ebenso gleichmütig annehmen wie ein Kompliment, wenn wir es nicht persönlich nehmen. **Ein Tadel oder ein Kompliment haben mit uns nichts zu tun. Es sind lediglich persönliche Annahmen eines Gehirns!** Es spricht nichts dagegen, eine Aussage zu akzeptieren, ohne uns betroffen zu fühlen.

Wir könnten allem neutral gegenübertreten, ihm keine Bedeutung schenken. Das Gesagte würde an Substanz verlieren und keine Macht mehr über uns haben, wenn wir es nicht in uns hereinlassen. Es entscheidet nicht mehr, ob wir uns gut oder schlecht fühlen. Wir ruhen in tiefer Gelassenheit und lassen das Leben mit all seinen Facetten vorüberziehen. Wie befreiend es ist, wenn das Gehörte oder Gesehene nicht mehr zur Belastung wird. Wir müssen nichts bewerten und überbewerten, und auch uns selbst nicht so wichtig nehmen. Mit ein wenig Humor und Einsicht, bekommt das Leben eine ganz andere Qualität. Dann schöpfen wir aus der einen Substanz nur das Gute, das Belastende kann in seinem Ursprung versickern. So kann sich der Schatten als Licht erkennen. Der Schatten ist nichts Schlechtes, er ist nur unerkanntes Licht. Erkennen wir uns selbst, so wird auch das Dunkle weichen.

Fragen wir uns also: Was ist Substanz? Ist sie in uns? Was hat sie mit uns zu tun?

Erforschen wir die Ewigkeit der immateriellen Substanz, denn sie ist uns näher, als wir es uns vorstellen können. Die eine Substanz, die Fülle ist, lässt sich nicht vorstellen, weil sie frei von Stellung und Bindungen ist. Entbinden wir uns unserer Vorstellungen und gehen wir den natürlichen Weg zu uns zurück. Das ist das, was zählt und der Substanz in uns

Raum geben wird, um sich zu entfalten und zu zeigen.

## ZUSAMMENGEFASST:
## DAS GESETZ DER SUBSTANZ

Wir schöpfen ständig aus dem Vollen. Wir sind die Fülle, die für unsere Sinne unsichtbar bleibt. Das Sichtbare lebt im Mangel und lebt in Begrenzungen. Das starre Denken, falscher Glaube und falsche Annahmen verhindern, dass wir aus der eigentlichen Substanz schöpfen. Diese Substanz ist das Leuchten der Seele. Wer sie findet, wird in absoluter Stille und Ruhe leben. Was auch immer geschieht, es berührt ihn nicht. Er ruht in sich selbst.

# Das Gesetz der Beharrlichkeit

Wir sind immer schon vollkommen gewesen und werden es auch immer sein. Dies bezieht sich weniger auf unser Menschsein, gewiss aber auf unser eigentliches Sein, das es zu entdecken gilt. Wir erscheinen zwar als Ich, sind aber das Selbst. Nun stellt sich die Frage: Wissen wir darum oder glauben wir nur daran? Kann es sogar sein, dass wir allzu häufig lieber glauben, anstatt wissend zu vertrauen? Wie kann das sein?

Wahrscheinlich rührt dies daher, weil das Beharrlichste im Leben der Zweifel ist. Selbst wenn wir ihn nicht immer bewusst spüren, so ist er doch unser steter Begleiter. Er begleitet uns in allen Lebenslagen und zeigt sich vor allem dann, wenn wir etwas tun, das ungewohnt ist und neu. Ja, der Zweifel lässt uns Sicherheiten wählen und er lässt uns angesichts dessen, was neu ist, unsicher werden. Er mischt sich überall ein und wir lassen es zu.

Die Quelle des Zweifels ist das, was wir als Verstandeskraft über(aus)-schätzen. Kraft unseres Verstandes sind wir in der Lage, Dinge immer wieder zu hinterfragen, zu bewerten und über sie zu entscheiden. Das kann sehr hilfreich sein und doch verlieren wir von Zeit zu Zeit aus den Augen, dass es noch eine andere Instanz in uns gibt: das Wissen um Vollkommenheit und Einheit. In Vergessenheit gerät etwas, wenn wir es nicht beachten. Wenn wir beispielsweise eine Woche nicht mehr ferngesehen haben, vergessen wir, wo wir die Fernsehzeitschrift hingelegt haben. Wenn wir einen geliebten Menschen ein Jahr lang nicht mehr gesehen haben, dann ist uns nicht mehr präsent, wie liebenswert er ist. Wenn wir lange Zeit kein Obst mehr essen, verlieren wir die Erinnerung daran, wie gut es schmecken kann. Nun, die Lösung ist: Fernseher an, Freunde besuchen, Apfel essen und – unserem inneren Wissen wieder mehr trauen. Wenn wir uns allerdings die meiste Zeit unseres Lebens nur über unsere Person definieren, nur unseren Ich-Belangen nachgeben und uns in alltäglichen Gedanken und Problemen verlieren, wie sollen wir bitte wissen, was das Selbst ist? Wir können es nur entdecken, wenn wir uns darum kümmern und uns ihm zuwenden. Da wir aber nicht wissen, wie das geht und wo das Selbst sein soll, können wir folgenden Weg wählen: Stellen wir doch einfach alles infrage, was wir zu sein glauben und was das Ich betrifft. Wenn das Ich nur eine Illusion ist, dann müssen wir nach und nach erkennen, dass wir dieses Ich, samt alledem, was zu ihm gehört, niemals gewesen sind. Je mehr wir uns als Selbst erkennen, umso transparenter und empfänglicher werden wir sein. Wichtig ist es, dran zu bleiben und nicht nachlässig zu sein. Selbst-Erforschung ist mit Sicherheit eine interessante Sache, das Ego aber verliert schnell wieder das Interesse daran. Kein Wunder – immerhin wird ihm durch Selbst-Findung ja die Alleinherrschaft entzogen. Es bedarf also viel Geduld. Wenn die Spannung nachlässt, wird es zäh und uninteressant und dies verleitet dazu, nachzulassen oder auch lethargisch zu werden. Gerne fällt man in ein Programm zurück, wo alte Gewohnheiten überhandnehmen und uns alles gleichgültig ist. Wahre Gleichgültigkeit ist wertvoll, jedoch ist es keinesfalls mit einem dumpfen "Egal"-Gefühl gleichzusetzen.

Das Selbst, das wir immer schon waren, wird sich automatisch, ja ganz von alleine entfalten, wenn wir uns nach ihm ausrichten. Damit dies geschehen kann, bedarf es eines Richtungs- bzw. Ausrichtungswechsels. Bleiben wir also nicht länger im Schatten stehen, wo wir frieren und uns über die Dunkelheit beschweren! Machen wir doch einen Schritt nach vorne! Dort scheint die Sonne. Dort ist es hell und warm. Haben wir etwa Angst vor Licht und vor Wärme? Ja, es scheint so zu sein. Wir haben Angst vor unserer eigenen Größe und das ist auch normal. Unzählige unangenehme und schmerzliche Erfahrungen haben uns geprägt. Sie haben uns an unserem wahren Licht zweifeln lassen. Schenken wir uns Geduld und Vertrauen, alles andere wird sich dann ganz von selbst einstellen. Alles hat seine Zeit. Vertrauen wir auf eine höhere Macht, die uns lenkt und weiß, was gut für uns ist.

In diesem Sinne – lassen Sie uns die Beharrlichkeit des Zweifels durch jene Beharrlichkeit ersetzen, Zwei-fel zu überwinden und vollkommen in die Ein-heit allen Seins einzugehen. Möge es uns allen gelingen.

## ZUSAMMENGEFASST:
## DAS GESETZ DER BEHARRLICHKEIT

Beharrlichkeit, den inneren Weg zu gehen und nach jedem Sturz wieder aufzustehen, ist etwas, was wir als zweifelnder Mensch nicht bewerkstelligen können. Etwas aber unterstützt uns, lässt uns aufstehen. Es ist eine Kraft, die uns Mut und Zuversicht schenkt, die in uns ist und durch uns wirkt. Sie ist unser ureigenes Sein und schenkt demjenigen **Lebensharmonie**, der den Weg mit Vertrauen, Mut und Zuversicht beschreitet.

Vollkommenheit kann nicht erreicht werden.
Sie ist das Einzige, was existiert!

# Das Gesetz der Vollkommenheit

Wie der Name schon sagt, steht dieses Gesetz für Vollkommenheit. Damit ist nicht das gemeint, was ein jeder Einzelne mit seinen Augen und aus seinem individuellen Blickwinkel heraus, als vollkommen ansieht. Nein, gemeint ist jene Vollkommenheit, die allem innewohnt. Der Mensch neigt zu dem Anspruch, dass sich das Leben und alles, was dazu gehört, nach seinen oder den konventionellen Vorstellungen von Vollkommenheit auszurichten hat. Doch wann ist etwas vollkommen? Wer will das wissen oder gar bestimmen?

Der Mensch? Solange Vollkommenheit aus irdischer Perspektive heraus betrachtet wird, werden wir einsehen müssen, dass der Mensch nicht geeignet ist, darüber zu urteilen, wann etwas vollkommen ist und wann nicht. Ist etwa ein Kind mit nur einem Bein, ein Tier ohne Ohr, ein Mann ohne Job, eine Frau ohne Kinder oder ein Baum ohne Äste unvollkommen? Nein, denn Vollkommenheit liegt unsichtbar unter dem verborgen, was wir wahrnehmen können. Woran wir uns auch stören, Vollkommenheit ist dennoch und immer die Grundlage allen Seins.

Das scheinen wir vergessen zu haben. Würden wir uns sonst über alles und jedes ein Urteil erlauben? Selbst wenn ein Mensch verunstaltet, ein Teppich schräg geknüpft oder ein Haus schief gebaut ist, es ist immer nur der Mantel einer vollkommenen Erscheinung, den wir sehen können. Da wir es gewohnt sind, uns über unseren eigenen Mantel zu definieren und ihn als Ausgangsposition zur Begutachtung und Bewertung anderer Mäntel zu verstehen, sehen wir die Dinge nur so, wie wir sie sehen können und sehen wollen. Das ändert aber nichts daran, dass sie niemals so sind, wie sie gesehen werden. Warum? Weil das Äußere nicht das sein kann, was wir sind. Die Nuss ist auch nicht die Schale. Sie wird von ihr umhüllt, wobei das Innere nicht auf Anhieb gesehen werden kann. Dazu müssen wir sie schon aufbrechen. Genauso wird auch die raue Schale, die unser Herz umschließt, aufplatzen, auf dass wir reinen Herzens sehen.

Das reine Herz wird niemals etwas bemängeln. Es weiß tief in seinem Innersten, dass alles nur Erscheinungsformen der Vollkommenheit sind. Was auch immer uns umgibt, es erscheint als das, wofür wir es halten, es wahrnehmen und einordnen. Eine Erscheinung jedoch ist niemals die eine und absolute Wirklichkeit. So betrachtet, kann ein Mensch gar nicht vollkommen sein, allerhöchstens können wir ihn aus unserer begrenzten Sicht heraus als perfekt bezeichnen. Seine Seele ist das, was

Vollkommenheit ist und um dies wirklich zu erkennen und zu erfahren, müssen wir über unser Mäntel-Dasein hinausgehen und die menschliche Augenperspektive verlassen. Nehmen wir doch die Sicht des inneren Auges ein, welches seit jeher sieht und alles schaut.

Für den, der das Gesetz der Vollkommenheit durchschaut hat und anwenden kann, gibt es keine Probleme mehr. Das heißt nicht, dass bei so jemandem immer alles glatt läuft und eitel Sonnenschein ist. Doch sieht er Gegebenheiten, die nicht funktionieren oder gar schieflaufen, nicht als Probleme an, sondern als einen Ausdruck von Vollkommenheit. So wird die Anerkennung dieses Gesetzes zur Lösung für alles, was wir als Problem bezeichnen. Leben wir es und seien wir einfach das, was wir wirklich sind, anstatt irgendeiner Rolle zu entsprechen.

Wie spielen unsere Rollen sehr gut. Mal sind wir der Herrscher, dann der Helfer, der Beleidigte, der Verständnisvolle oder der Coole. All das sind Aspekte des Egos, Überlagerungen der Vollkommenheit. Wenn wir sie ablegen, zeigt sich der Kern. Da dieses Ablegen kein willentlicher Akt ist, sondern etwas, das irgendwann einfach geschieht, sollten wir uns bis dahin bemühen, ein Leben voller Liebe, Respekt und Einfachheit zu leben. Alles andere hat seine Zeit und die kommt für jeden - als Zeit des Erwachens.

## ZUSAMMENGEFASST: Das Gesetz der Vollkommenheit

Das menschliche Auge ist ein Werkzeug der Sinne, mit dem wir in die Welt hineinblicken. Es ist aber nicht die Ausgangsposition des Sehens, sondern ein Instrument, damit das Geistige Materielles "sehen" kann. Das All-Auge sieht alles. Es ist ein ungeschriebenes Gesetz, sich der eigenen Vollkommenheit zuzuwenden. Wir sollten sie erforschen, um nach und nach unsere **eigene Größe** zu erfahren.

# Über den Autor

Kurt Tepperwein wurde 1932 in Lobenstein geboren. Er war erfolgreicher Unternehmer und langjähriger Unternehmensberater, bis er sich 1973 aus dem Wirtschaftsleben zurückzog und Heilpraktiker sowie Bewusstseinsforscher wurde, um nach den wahren Ursachen von Krankheit und Leid zu suchen. In seiner Naturheilpraxis hielt er für seine Patienten Seminare ab, die so großen Anklang fanden, dass sie heute in vielen Ländern veranstaltet werden. Er absolvierte vielfältige Ausbildungen und erfuhr unzählige Ehrungen. Seit 1997 ist Kurt Tepperwein Dozent an der »Internationalen Akademie der Wissenschaften«, wo er das von ihm etablierte Mentaltraining unterrichtet. Kurt Tepperwein hat bislang mehr als 80 Bücher und Hunderte von Videos, DVDs sowie Audio-CDs veröffentlicht.

152 Seiten, broschiert
ISBN 978-3-89845-187-1
€ [D] 6,95

Kurt Tepperwein

## Dein Zahlenschlüssel

Durch einen Zahlenschlüssel erfahren wir Entscheidendes über unsere Fähigkeiten und Eigenschaften, die wir aus früheren Leben mitgebracht haben, und über unseren »geheimen Persönlichkeitskern«, den wir normalerweise nicht preisgeben. Wir erkennen den Sinn unseres Lebens und unsere Hauptcharaktereigenschaften.
Die wichtigsten Lebensabschnitte und die Art der Einflüsse, unter denen wir stehen, werden uns bewusst. Wir haben so die Möglichkeit, unser Schicksal durch diesen Zahlenschlüssel selbst zu gestalten und unsere Lebenssituation aktiv zu verbessern.

208 Seiten, broschiert
ISBN 978-3-89845-347-9
€ [D] 6,95

Kurt Tepperwein

## Das Anti-Ärger-Programm

Sicher geht es Ihnen wie den meisten Menschen: Sie ärgern sich – manchmal mehr, manchmal weniger, aber immerhin: Sie ärgern sich ... ob über Ihren Nachbarn oder über Ihren Arbeitsplatz. Ärger ist für manche schon zu einem Teil ihres Lebens geworden und bringt sie regelmäßig aus dem Gleichgewicht.
Dieses Buch geht daher bewusst tiefer und beleuchtet Ihre Gedanken und Einstellungen und führt Sie über die geistigen Gesetze zu den Fragen nach dem Sinn des Lebens. Dann heißt es: Schluss mit dem Ärger – und Sie können endlich ja sagen zu einem erfüllten und bewussten Leben.

176 Seiten, broschiert
ISBN 978-3-89845-412-4
€ [D] 12,65

Kurt Tepperwein

## Nichts geschieht umsonst

*Die Sprache des Lebens verstehen*

Alles, was uns begegnet, und alles, was uns widerfährt, sind Botschaften des Lebens, die uns etwas Wichtiges mitzuteilen haben. Das Leben spricht ständig zu uns, allerdings müssen wir die Sprache des Lebens erst erlernen. Wenn Sie diese Sprache beherrschen, ist es Ihnen sogar möglich, die Botschaften des Lebens gezielt abzufragen. Sie können alle Erfahrungen und die verschiedensten Arten von Hinweisen optimal für sich nutzen, um ein erfolgreiches, erfülltes und gesundes Leben zu führen. Ein Buch, das sich mit allen Alltagsthemen auseinandersetzt und keine Fragen offenlässt.

224 Seiten, broschiert
ISBN 978-3-89845-546-6
€ [D] 14,95

Kurt Tepperwein

## Die Kunst, sich und andere zu verstehen

*Mit Face-Reading zu mehr Menschenkenntnis*

Jeder Mensch ist einzigartig, und bei genauerem Hinsehen können wir erkennen, wie dieser Mensch wirklich ist. Dieses Buch hilft dabei, unsere Wahrnehmung zu schulen, und bringt uns bei, über das Aussehen und das Verhalten unseres Gegenübers die Menschen besser zu erkennen und zu verstehen. Kurt Tepperwein lässt uns auch analysieren, warum uns etwas Bestimmtes an dem Gegenüber aufgefallen ist oder was uns dessen Verhalten sagt, und lädt ein zur Selbsterforschung und Selbsterkenntnis, zu einem wirklichen Verstehen des eigenen Ich.

256 Seiten, broschiert
ISBN 978-3-89845-501-5
€ [D] 16,95

Kurt Tepperwein

## So liebt man heute

*Das Geheimnis erfüllender Beziehungen*

Kurt Tepperwein verrät das Geheimnis glücklicher Beziehungen und zeigt, wie man Probleme auch in langjährigen Partnerschaften erfolgreich meistert. Erfahren Sie, wie Sie eine harmonische Partnerschaft gestalten, in der das Wohlergehen beider an erster Stelle steht. Entdecken Sie, wie Sie den Alltag schön und erfüllt leben, als Paar lernen, Eigenarten als Bereicherung zu erfahren, Gemeinsamkeiten zu stärken und magische Momente zu schaffen. Ihr erfolgreicher Erkenntnisweg für eine glückliche und erfüllende Beziehung!

176 Seiten,
2-farbig, broschiert
ISBN 978-3-89845-467-4
€ [D] 12,95

Franziska Krattinger

## Woran Pechvögel hängen und worauf Glückspilze aufbauen

*Alles beginnt klein und endet groß*

Wir bestimmen unser Leben aus der Kraft unserer Gedanken und Gefühle. Doch wir sind oft in Denk- und Gefühlsgewohnheiten gefangen. Franziska Krattinger beschreibt die Stolpersteine, genannt Gewohnheiten, und zeigt die Lösungen dazu. Die Möglichkeiten zur Verbesserung unseres Lebensgefühls sind verblüffend einfach, wirkungsvoll und für jedermann leicht anzuwenden ...

Ein kleines Buch mit großer Wirkung, da es die Kraft des positiven Denkens in uns entfacht!